yukismart.com/b/670d06
HF368543
1
2

Baby

малюк

maliuk

Junge

хлопчик

khlopchyk

Freunde

друзі

druzi

Mädchen

дівчинка

divchynka

lächeln

посміхатися

posmikhatysia

weinen

плакати

plakaty

Haare

волосся

volossia

Auge

око

oko

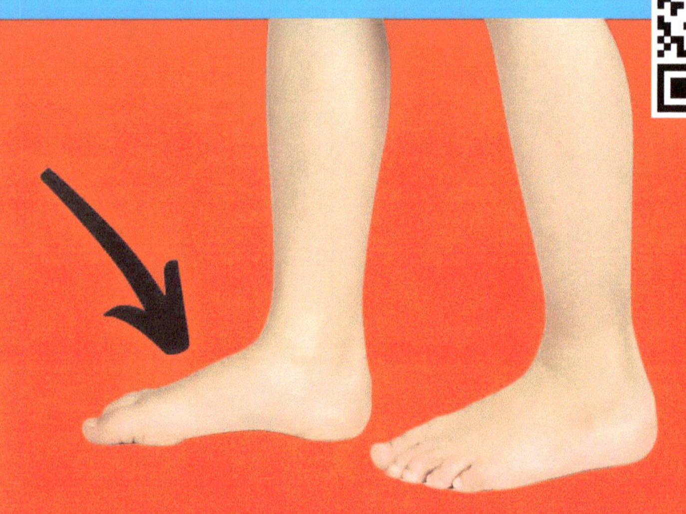

Fuß

стопа

stopa

Hand

кисть

kyst

Nase
ніс
nis

Zähne
зуби
zuby

Ohr
вухо
vukho

Zunge
язик
iazyk

Sonne

сонце

sontse

Mond

місяць

misiats

Stern

зірка

zirka

Baum

дерево

derevo

Vogel

пташка

ptashka

Mantel

пальто

palto

Hose

штани

shtany

Kleid

сукня

suknia

Schuhe

черевики

cherevyky

rot

червоний

chervonyi

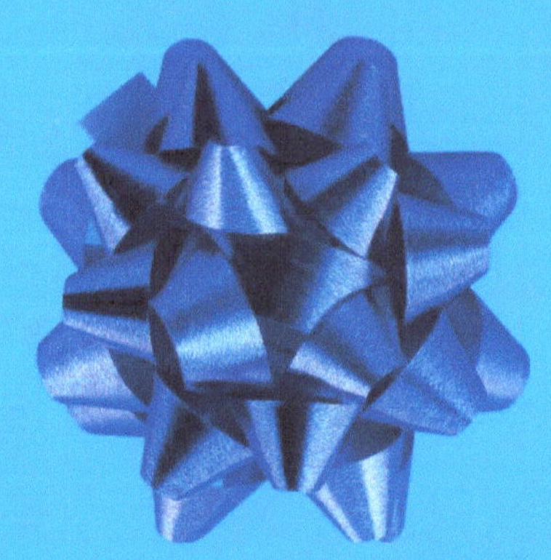

blau

синій

synii

gelb

жовтий

zhovtyi

rosa

рожевий

rozhevyi

weiß

білий

bilyi

grün

зелений

zelenyi

schwarz

чорний

chornyi

bunt

різнокольоровий

riznokolorovyi

Regenbogen

веселка

veselka

Apfel

яблуко

iabluko

Banane

банан

banan

Tomate

помідор

pomidor

Orange

апельсин

apelsyn

Karotte

морква

morkva

Erbsen

горошинки

horoshynky

Kartoffel

картопля

kartoplia

Mais

кукурудза

kukurudza

Zitrone

лимон

lymon

Weintrauben

виноград

vynohrad

Birne

груша

hrusha

Wassermelone

кавун

kavun

Zucchini

Кабачок-цукіні

Kabachok-tsukini

Ei

яйце

iaitse

Pilz

гриб

hryb

Quadrat

квадрат

kvadrat

Kreis

коло

kolo

Rechteck

прямокутник

priamokutnyk

Dreieck

трикутник

trykutnyk

Katze

кішка

kishka

Hund

собака

sobaka

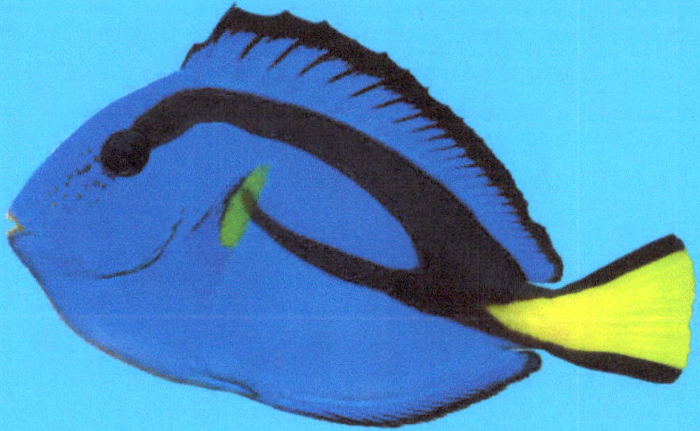

Fisch

риба

ryba

Kuh

корова

korova

Ente

качка

kachka

Küken

курча

kurcha

Henne

курка

kurka

Frosch

жаба

zhaba

Schwein

свиня

svynia

Hase

кролик

krolyk

Maus

миша

mysha

Pferd

кінь

kin

Schaf

вівця

vivtsia

Blume

квітка

kvitka

Schmetterling

метелик

metelyk

Marienkäfer

божа корівка

bozha korivka

Schnecke

равлик

ravlyk

Kuchen

тістечко

tistechko

Brot

хліб

khlib

Uhr

годинник

hodynnyk

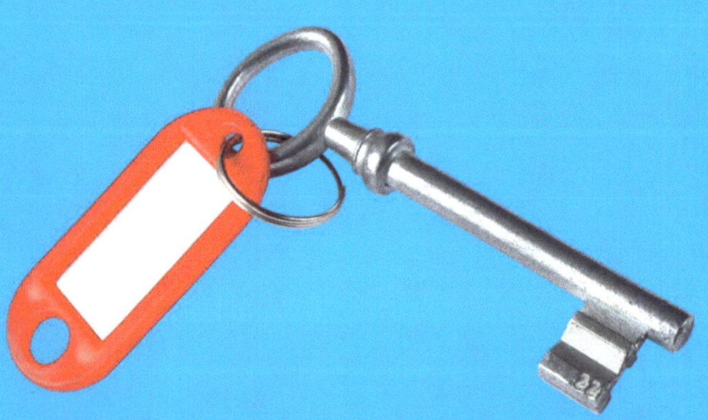

Schlüssel

ключ

kliuch

Buch

книга

knyha

Ball

м'яч

m'iach

Tisch

стіл

stil

Teller

тарілка

tarilka

Stuhl

стілець

stilets

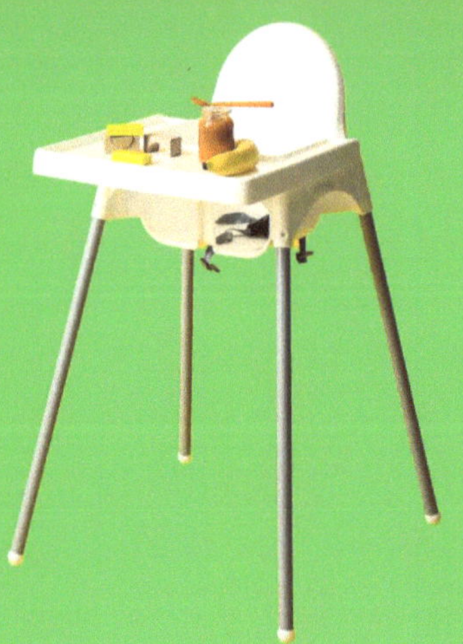

Hochstuhl

стільчик для годування

stilchyk dlia hoduvannia

Gabel

виделка

vydelka

Messer

ніж

nizh

Löffel

ложка

lozhka

Tasse

чашка

chashka

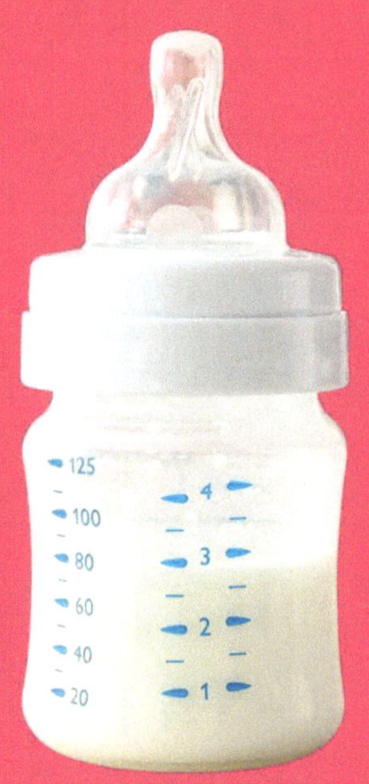

Babyflasche

дитяча пляшечка

dytiacha pliashechka

Glas

стакан

stakan

Bett

ліжко

lizhko

Krippe

дитяче ліжко

dytiache lizhko

Teddybär

плюшевий ведмедик

pliushevyi vedmedyk

Schnuller

соска

soska

Handtuch
рушник
rushnyk

Waschbecken
раковина
rakovyna

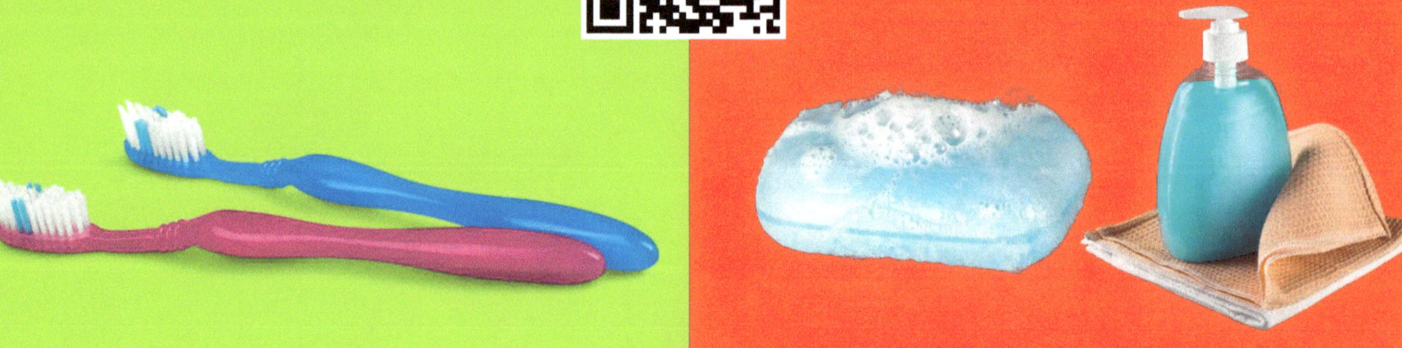

Zahnbürste
зубна щітка
zubna shchitka

Seife
мило
mylo

Toilette

унітаз

unitaz

Töpfchen

дитячий горщик

dytiachyi horshchyk

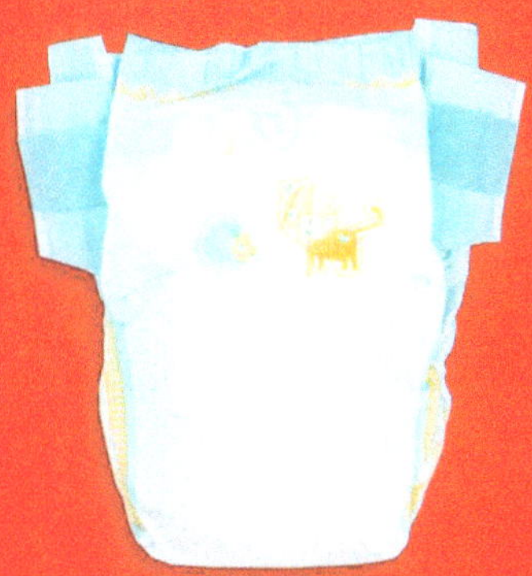

Windel

підгузник

pidhuznyk

Auto
машина
mashyna

Fahrrad
велосипед
velosyped

Flugzeug
літак
litak

Boot
човен
choven

Feuerwehrauto

пожежна машина

pozhezhna mashyna

Zug

ПОТЯГ

potiah

Spielzeuge

іграшки

ihrashky